Pequeñas Estrellas

El hockey de las pequeñas estrellas

Un libro de El Semillero de Crabtree

Buffy Silverman y Pablo de la Vega

CRABTREE
PUBLISHING COMPANY
WWW.CRABTREEBOOKS.COM

Estoy en un equipo de **hockey sobre hielo**.

Reebok

casco

Uso guantes y un **casco** para no lastimarme.

Unas almohadillas gruesas **protegen** mis hombros, codos y piernas.

Aprendemos a patinar rápido.

37

Usamos nuestros palos de hockey para mover el **disco**.

palo de hockey
disco

24

Cada equipo intenta meter el disco en la portería del equipo contrario.

Nos detenemos, pasamos el disco y lo golpeamos con fuerza.

El **portero** cuida la portería y trata de mantener el disco fuera de ella.

Mi equipo mete el disco en la portería.

¡Anotamos un **gol**!

ALL FOR ONE
PostFinance

Glosario

casco: Un casco cubre la cabeza de un jugador y la protege de posibles heridas.

disco: El disco es un objeto redondo de caucho que los jugadores golpean con palos de hockey.

gol: Se anota un gol cuando un jugador mete el disco en la portería del equipo contrario. El equipo obtiene un punto por cada gol.

hockey sobre hielo: Es un juego que juegan dos equipos sobre hielo. Cada equipo intenta meter goles golpeando el disco hacia la portería del equipo contrario.

portero: Un portero es el jugador cuyo trabajo es mantener el disco fuera de la portería.

protegen: Que impiden que algo o alguien se lastime.

Índice analítico

casco: 4, 5
disco: 10, 11, 13, 14, 16, 19
equipo: 2, 13, 19
palo(s) de hockey: 10, 11
portería: 13, 16, 19
portero: 16

Apoyos de la escuela a los hogares para cuidadores y maestros

Los libros de El Semillero de Crabtree ayudan a los niños a crecer al permitirles practicar la lectura. Las siguientes son algunas preguntas de guía que ayudan a los lectores a construir sus habilidades de comprensión. Algunas posibles respuestas están incluidas.

Antes de leer:

- **¿De qué piensas que tratará este libro?** Pienso que este libro es sobre hockey sobre hielo. Quizá nos enseñe las reglas de ese juego.
- **¿Qué quiero aprender sobre este tema?** Quiero saber qué equipamiento necesita un jugador de hockey sobre hielo.

Durante la lectura:

- **Me pregunto por qué...** Me pregunto por qué el portero usa almohadillas diferentes a las de los otros jugadores.
- **¿Qué he aprendido hasta ahora?** Aprendí que los jugadores de hockey sobre hielo usan guantes, cascos, almohadillas y patines.

Después de leer:

- **¿Qué detalles aprendí de este tema?** Aprendí que los jugadores de hockey sobre hielo usan palos de hockey para mover el disco sobre el hielo y meterlo en la portería del equipo contrario.
- **Lee el libro de nuevo y busca las palabras del vocabulario.** Veo la palabra *protegen* en la página 6 y la palabra *portería* en la página 13. Las otras palabras del vocabulario están en las páginas 22 y 23.

Library and Archives Canada Cataloguing in Publication

Title: El hockey de las pequeñas estrellas / Buffy Silverman y Pablo de la Vega.
Other titles: Little stars hockey. Spanish
Names: Silverman, Buffy, author. | Vega, Pablo de la, translator.
Description: Series statement: Pequeñas estrellas | Translation of: Little stars hockey. | Translated by Pablo de la Vega. | "Un libro de el semillero de Crabtree". | Includes index. | Text in Spanish.
Identifiers: Canadiana (print) 20210096322 | Canadiana (ebook) 20210096330 | ISBN 9781427131638 (hardcover) | ISBN 9781427131812 (softcover) | ISBN 9781427131980 (HTML) | ISBN 9781427136046 (read-along ebook)
Subjects: LCSH: Hockey—Juvenile literature.
Classification: LCC GV847.25 .S5418 2021 | DDC j796.962—dc23

Library of Congress Cataloging-in-Publication Data

Names: Silverman, Buffy, author.
Title: El hockey de las pequeñas estrellas / Buffy Silverman y Pablo de la Vega.
Other titles: Little stars hockey. Spanish
Description: New York, NY : Crabtree Publishing Company, 2021. | Series: Pequeñas estrellas : un libro de el semillero de Crabtree | Includes index. | Audience: Ages 5-7 | Audience: Grades K-1 | Summary: "If you think you might like ice hockey, this book covers the basics of equipment, rules, and beginner hockey skills"-- Provided by publisher.
Identifiers: LCCN 2020056729 (print) | LCCN 2020056730 (ebook) | ISBN 9781427131638 (hardcover) | ISBN 9781427131812 (paperback) | ISBN 9781427131980 (ebook) | ISBN 9781427136046 (epub)
Subjects: LCSH: Hockey--Juvenile literature.
Classification: LCC GV847.25 .S49218 2021 (print) | LCC GV847.25 (ebook) | DDC 796.356--dc23
LC record available at https://lccn.loc.gov/2020056729
LC ebook record available at https://lccn.loc.gov/2020056730

Crabtree Publishing Company
www.crabtreebooks.com 1–800–387–7650

Written by Buffy Silverman
Production coordinator and Prepress technician: Samara Parent
Print coordinator: Katherine Berti
Translation to Spanish: Pablo de la Vega
Edition in Spanish: Base Tres

Print book version produced jointly with Blue Door Education in 2021

Printed in the U.S.A./022021/CG20201215

Photo credits: Cover © Click Images; p2-3 © Sergei Butorin; p5 © Valeriy Lebedev; page 6 © Dardalnna; page 8-9 © Click Images; page 10-11 © Vanessa van Rensburg; page 12 © Lucky Business; page 15 and 16 © Click Images; page 18-19 © Lucky Business; page 20 © Stankevich
All photos from Shutterstock.com

Published in Canada
Crabtree Publishing
616 Welland Ave.
St. Catharines, Ontario
L2M 5V6

Published in the United States
Crabtree Publishing
347 Fifth Ave.
Suite 1402-145
New York, NY 10016

Published in the United Kingdom
Crabtree Publishing
Maritime House
Basin Road North, Hove
BN41 1WR

Published in Australia
Crabtree Publishing
Unit 3 – 5 Currumbin Court
Capalaba
QLD 4157